»Seid jederzeit bereit zur Verantwortung jedem gegenüber, der Rechenschaft von euch über die Hoffnung in euch fordert, aber mit Sanftmut und Ehrerbietung! Und habt ein gutes Gewissen …«

1. Petrus 3,15-16

Don Batten (Hrsg.),
Ken Ham,
Jonathan Sarfati,
Carl Wieland

Gibt es Gott wirklich?

clv
Christliche
Literatur-Verbreitung e. V.
Postfach 110135 - 33661 Bielefeld

1. Auflage 2000
2. Auflage 2002

CLV • Christliche Literatur–Verbreitung
Postfach 110135 • 33661 Bielefeld
Übersetzung: Werner Deppe
Lektorat: Werner Gitt
Satz: CLV

ISBN 3-89397-441-5

Inhalt

Vorwort ------------------------------------ 6

Gibt es Gott wirklich? ------------------- 9
Biblische Indizien für die Existenz eines göttlichen Urhebers ------------ 18
Weitere Belege für die Existenz des biblischen Schöpfergottes ------- 29
Der Mythos von Atheismus und Wissenschaft ---------------------- 32
Wer erschuf Gott? -------------------- 37
Der Christ kennt Gott! --------------- 42

Außerbiblische Belege für die Existenz des Schöpfergottes der Bibel --- 44

Fußnoten ------------------------------ 59

Vorwort zur deutschen Auflage

Dieses Minibuch ist das erste Kapitel aus dem Buch »Fragen an den Anfang – Die Logik der Schöpfung«. Es handelt sich um die Übersetzung des Bestsellers »The Answers Book« aus dem englischsprachigen Bereich. Die vier Verfasser sind australische Wissenschaftler, die durch zahlreiche Publikationen und Vorträge weit über den eigenen Erdteil hinaus bekannt sind und Grundlegendes zum Thema Schöpfung erforscht haben.

Den Menschen unserer Tage ist durch das Überangebot an evolutionistischen Abhandlungen in Presse, Literatur und Wissenschaft die Botschaft der Bibel abhanden gekommen und damit – das ist die tragische Folge – auch das Heil. Der Mensch kennt keine Ewigkeit mehr. Wer das Buch liest, findet nicht nur viele wissenschaftliche Details in allgemeinverständlicher Form aufbereitet, sondern er bekommt ein tieferes Verständnis vom Evangelium und damit auch zur Rettung durch Jesus Christus. Die Autoren haben in einzigartiger Weise herausgearbeitet, in welch starkem Maße das Evangelium mit vielen Schöpfungsdetails verknüpft ist. Dabei kommen sie zu dem wichtigen Ergebnis: Von der Bibel her können wir nichts, aber auch wirklich gar nichts aufgeben, ohne Schaden zu erleiden. Diese wichtige Lehre vermittelt uns das Buch in brillanter Weise und an einer großen Fülle einsichtiger Beispiele.

Wer Vorträge zu dem Thema Schöpfung/Evolution hält, stößt mit Regelmäßigkeit auf ein ganzes Paket von Fragen, die sich erfahrungsgemäß stark wiederholen. Einige aus dem Buch »Fragen an den Anfang« seien hier schon einmal stellvertretend genannt:

Hat Gott die Welt wirklich in sechs Tagen geschaffen? Was kann man über die Radiokarbonmethode sagen? Warum können wir weit entfernte Sterne in einem jungen Universum sehen? Warum gibt es so viele destruktive Merkmale bei den Lebewesen? Was ist von den Argumenten für die Evolutionlehre zu halten? Woher kam die Frau Kains? War die Sintflut weltweit? Passten alle Tierarten in Noahs Arche hinein? Wie gelangten die Tiere nach Australien? Wie kam es zu den verschiedenen Rassen der Menschen? Was geschah mit den Dinosauriern?

Der Leser wird zuerst mit den häufigsten Gegenpositionen vertraut gemacht. Danach weisen die Autoren nach, welche Denk- und Glaubenskonsequenzen es hat, wenn man einer gegen die Bibel gerichteten Auffassung folgt. Der Leser ist dann eingeladen, sich dafür zu entscheiden, was Gott gesagt hat und diesen Weg des Vertrauens zu beschreiten.

Der mit der Bibel bisher nicht Vertraute und dem Glauben noch Fernstehende findet in kompetenter wissenschaftlicher Weise dargelegt, dass er der ganzen Bibel auch im 21. Jahrhundert glauben kann. Das Buch dürfte für diese Personengruppe ein Augenöffner besonderer Art sein. Diejenigen, die sich bereits zum christlichen Glauben bekennen und in Jesus Christus den Retter gefunden haben, werden staunen, welch tiefe Verankerung das Evangelium in Schöpfung und Sündenfall hat.

Das vorliegende Minibuch geht jener ganz grundlegenden Frage nach, ob es Gott überhaupt gibt. Auch schwierige Sachverhalte werden von den Autoren dem Leser in leicht verständlicher Weise nahe gebracht. Damit bekommt er einen Vorgeschmack auf das komplette Werk. Beiden Büchern wünsche ich eine weite Verbreitung.

Werner Gitt

Gibt es Gott wirklich?

Gibt es objektive Beweise für die Existenz Gottes? Welche Konsequenzen hat der Atheismus? Woher kam Gott? Kann man Gott persönlich kennen lernen?

Die Bibel beginnt mit der Aussage: »Am Anfang schuf Gott Himmel und Erde« (1. Mose 1,1). Die Existenz Gottes wird also in der Bibel vorausgesetzt und als selbstverständlich angesehen; dennoch gibt es Menschen, die diese Tatsache ignorieren. Psalm 14,1 spricht von solchen: »Die Toren sprechen in ihrem Herzen: ›Es ist kein Gott.‹ Sie taugen nichts; ihr Treiben ist ein Gräuel; da ist keiner, der Gutes tut.«

Hier sehen wir, dass die Bibel abfällige Gedanken über Gott – insbesondere das Leugnen seiner Existenz – mit einer verdorbenen Moral verbindet. Und es stimmt: Wenn es keinen Gott gibt, keinen Schöpfer, der die Lebensregeln festsetzt, dann treiben wir ohne moralische Orientierung dahin. Als das Volk Israel in der Zeit der Richter seinen Schöpfer vergaß und niemand Gott die Treue hielt, regierte das Chaos, denn »jeder tat, was ihn recht dünkte« (Richter 21,25).

In unserer Zeit wiederholt sich genau dasselbe. Länder, in denen Gott geehrt wurde und man glaubte, dass »Gott in Christus war und die Welt mit sich selbst versöhnte« (2. Korinther 5,19), haben Sicherheit und Wohlstand erfahren, wie es bis dahin nie der Fall war. Doch genau dieselben Länder befinden sich im Niedergang, seit die Menschen Gott den Rücken zukehrten. So heißt es schon in Sprüche 14,34: »Gerechtigkeit erhöht ein Volk; aber die Sünde ist der Leute Verderben.«

Je weiter sich ganze Völker von Gott entfernen und so leben, als gäbe es ihn gar nicht, desto mehr nimmt die Sünde überhand. Es häufen sich politische Korruption, Lügen, Verleumdung, ausschweifende Lebensweise, Gewaltverbrechen, Abtreibung, Diebstahl, Ehebruch, Drogensucht, Alkoholprobleme und Spielsucht. Mit der Wirtschaft geht es bergab, die Steuern steigen und die Regierungen verschulden sich zunehmend. Ein immer größeres Polizeiaufgebot, größere Gefängnisse und größere soziale Sicherheitssysteme sind erforderlich, um die Probleme auch nur notdürftig in den Griff zu bekommen.

Die Verse 18 bis 32 des ersten Kapitels des Römerbriefes lesen sich wie ein Kommentar zur Welt von heute:

> Denn Gottes Zorn wird vom Himmel her offenbart über alles gottlose Wesen und alle Ungerechtigkeit der Menschen, die die Wahrheit durch Ungerechtigkeit niederhalten. Denn was man von Gott erkennen kann, ist unter ihnen offenbar; denn Gott hat es ihnen offenbart. Denn Gottes unsichtbares Wesen, das ist seine ewige Kraft und Gottheit, wird seit der Schöpfung der Welt ersehen aus seinen Werken, wenn man sie wahrnimmt, so dass sie keine Entschuldigung haben. Denn obwohl sie von Gott wussten, haben sie ihn nicht als Gott gepriesen noch

ihm gedankt, sondern sind dem Nichtigen verfallen in ihren Gedanken, und ihr unverständiges Herz ist verfinstert. Da sie sich für Weise hielten, sind sie zu Narren geworden und haben die Herrlichkeit des unvergänglichen Gottes vertauscht mit einem Bild gleich den eines vergänglichen Menschen und der Vögel und der vierfüßigen und kriechenden Tiere. Darum hat Gott sie in den Begierden ihrer Herzen dahingegeben in die Unreinheit, so dass ihre Leiber durch sie selbst geschändet werden, sie, die Gottes Wahrheit in Lüge verkehrt und das Geschöpf verehrt und ihm gedient haben statt dem Schöpfer, der gelobt ist in Ewigkeit. Amen. Darum hat sie Gott dahingegeben in schändliche Leidenschaften; denn ihre Frauen haben den natürlichen Verkehr vertauscht mit dem widernatürlichen; desgleichen haben auch die Männer den natürlichen Verkehr mit der Frau verlassen und sind in Begierde zueinander entbrannt und haben

Mann mit Mann Schande getrieben und den Lohn ihrer Verirrung, wie es ja sein musste, an sich selbst empfangen. Und wie sie es für nichts geachtet haben, Gott zu erkennen, hat sie Gott dahingegeben in verkehrten Sinn, so dass sie tun, was nicht recht ist, voll von aller Ungerechtigkeit, Schlechtigkeit, Habgier, Bosheit, voll Neid, Mord, Hader, List, Niedertracht; Zuträger, Verleumder, Gottesverächter, Frevler, hochmütig, prahlerisch, erfinderisch im Bösen, den Eltern ungehorsam, unvernünftig, treulos, lieblos, unbarmherzig. Sie wissen, dass, die solches tun, nach Gottes Recht den Tod verdienen; aber sie tun es nicht allein, sondern haben auch Gefallen an denen, die es tun.

Die Bibel würde viele Leute in Spitzenpositionen in der Regierung und im Bildungssystem der ehemals christlichen Länder als »Narren« bezeichnen. Sie behaupten zwar, weise zu sein, da sie aber die Existenz Gottes leugnen sowie sein noch heute erfahrbares Handeln »sind sie zu Narren geworden«.

Die weitverbreitete Akzeptanz des evolutionistischen Denkens – die Auffassung, alles sei durch natürliche Prozesse von selbst entstanden und Gott sei nicht nötig – untermauert zusätzlich diese Preisgabe des Glaubens an Gott. Alles, was offensichtlich nach einem Plan entworfen ist, soll diesen Plan selbst entworfen haben! Dieses Denken, das die klar erkennbaren Indizien für die Existenz Gottes (Römer 1,19-20) wegerklärt, führt unausweichlich zum Atheismus (dem Glauben, dass es keinen Gott gibt) und zum säkularen Humanismus (der Mensch kann über sein Leben selbst bestimmen, und zwar ohne Gott). In den Schulen und Universitäten bis hin zu den Regierungen herrscht heutzutage eine solche Denkweise vor.

Einige der schlimmsten Gräueltaten der Weltgeschichte wurden von Lenin, Hitler, Stalin, Mao Tse-tung und Pol Pot verübt. Wenn sie auch unterschiedlichen Ideologien und Moralauffassungen folgten, so hatten sie doch in der evolutionistischen Denkweise eine gemeinsame Basis für ihr Handeln. Der Atheist und Vertreter der Evolutionslehre Sir Arthur Keith schreibt über Hitler:

> Der deutsche Führer … hat in konsequenter Weise versucht, das Leben in Deutschland konform zur Evolutionslehre zu gestalten.[1]

Viele Millionen haben die Konsequenzen einer atheistischen Denkweise erleiden müssen; sie haben Schreckliches erlebt oder sind sogar ums Leben gekommen. Atheismus kann tötend wirken, denn ohne Gott ist man auch nicht seinem Gesetz verpflichtet. So ist letztlich alles erlaubt! In den Bestrebungen, Abtreibung, Euthanasie, Rauschgift, Prostitution, Pornographie und Promiskuität zu legalisieren, stehen die Atheisten an vorderster Front. Dies alles verursacht Elend, Leid und Tod. Atheismus ist die Philosophie des Todes.

Nun verweisen Atheisten gern auf

die Gräueltaten, die von angeblichen »Christen« verübt wurden – die Kreuzzüge und der Nordirland-Konflikt gehören dabei zu den Favoriten. Falls die Menschen, die so etwas Schreckliches verübten, tatsächlich Christen waren, dann handelten bzw. handeln sie in krassem *Widerspruch* zu den Maßstäben der Gebote Gottes (z. B. »Du sollst nicht töten«, »Liebet eure Feinde«). Stalin hingegen handelte im Einklang mit seiner Lebensauffassung. Er war Atheist (seitdem er Darwin gelesen hatte) und deshalb keinem gegenüber verantwortlich. Keith (siehe oben) gab zu, dass auch Hitler in völliger Übereinstimmung mit seiner evolutionistischen Philosophie handelte.

Das Christentum sagt, »Gott ist Liebe«, »liebet einander« und »liebet eure Feinde«. Eine solche Liebe ist selbstaufopfernd. Bewusste Christen standen an vorderster Front, wenn es darum ging, Kranken zu helfen, Waisen und Greise zu versorgen, Hungernde zu speisen, Arme zu unterweisen und Ausbeutung zu bekämpfen wie z. B. Kinderarbeit und Sklaverei.

Der Atheismus mit seiner evolutionistischen Philosophie sagt, »Liebe« sei nichts weiter als das eigennützige Interesse, die Wahrscheinlichkeit zu erhöhen, dass die Gene des Liebenden in seinen Nachkommen oder nahen Verwandten überleben. Wo gibt es im »Kampf ums Überleben der am besten Angepassten« (engl. »survival of the fittest«) eine Grundlage für Mitleid? Hitlers Todeslager erwuchsen aus der Überzeugung, dass die »Arische Rasse« den Sieg bei der »Bewahrung bevorzugter Rassen im Kampf ums Leben«[2] davontragen wird.

Atheismus ist jedoch nicht nur destruktiv; er ist bereits in seinen elementarsten Wurzeln logisch fehlerhaft, denn, wie wir noch sehen werden, muss es einen Schöpfer geben.

Biblische Indizien für die Existenz eines göttlichen Urhebers

Die Bibel verkündet die Existenz Gottes; aber bereits das Vorhandensein dieses bemerkenswertesten Buches aller Bücher kann nur durch göttliche Inspiration erklärt werden. Im Folgenden geben wir eine Auflistung der Merkmale, die uns deutlich anzeigen, dass Gott ihr Autor ist:[3]

Die verblüffende Einheit der Bibel. Obwohl sie von mehr als 40 Personen aus über 19 verschiedenen Kulturräumen in einem Zeitraum von etwa 1600 Jahren geschrieben wurde, ist sie vom Anfang bis zum Ende eine in sich geschlossene und einheitliche Offenbarung. Tatsächlich harmonieren das erste und das letzte Buch der Bibel zusammen – also das 1. Buch Mose und die Offenbarung –, die von der »verlorenen« bzw. »wiedererlangten« ungetrübten Gemeinschaft mit Gott berichten. Schon dadurch belegen sie überzeugend ihre göttliche Autorschaft.

Die erstaunliche Bewahrung der Bibel. Aller politischen und religiösen Verfolgung zum Trotz ist die Bibel bis heute erhalten geblieben. Nachdem der römische Kaiser Diokletian im Jahre 303 n. Chr. ein Edikt zur Vernichtung der Bibel erlassen hatte, meinte er, dieses Buch ausgerottet zu haben. Über der Asche einer verbrannten Bibel errichtete er eine Säule und feierte so seinen vermeintlichen Sieg. Schon 25 Jahre später ordnete der neue Kaiser Konstantin die Herstellung von 50 Bibeln auf Kosten der Regierung an! Im 18. Jahrhundert verkündete der französische Gottesleugner und Spötter Voltaire, innerhalb eines Jahrhunderts gäbe es auf der ganzen Welt keine einzige Bibel mehr. Ironischerweise übernahm 50 Jahre nach seinem Tod die Genfer Bibelgesellschaft seine alte Druckpresse und sein Haus, um palettenweise Bibeln zu produzieren. Heute ist die Bibel in weitaus mehr Sprachen erhältlich als jedes andere Buch.

Die historische Genauigkeit der Bibel. Der berühmte jüdische Archäologe Nelson Glueck sprach vom »nahezu unglaublich genauen historischen Gedächtnis der Bibel, das durch archäologische Fakten bestätigt wird«.[4] William F. Albright, der weltweit zu den herausragendsten Archäologen zählt, schreibt:

> Der überspitzte Skeptizismus, der der Bibel von bedeutenden Geschichtsschulen des 18. Jahrhunderts entgegengebracht wurde und der auch heute noch von Zeit zu Zeit auftritt, ist zunehmend in Misskredit geraten. Eine Entdeckung nach der anderen bestätigte die Genauigkeit der Bibel in unzähligen Details und hat der Bibel eine zunehmende Anerkennung als wertvolle historische Quelle eingebracht.[5]

Sir William Ramsay, der als einer der größten Archäologen aller Zeiten angesehen wird, war im deutschen historischen Skeptizismus des mittleren 19.

Jahrhunderts ausgebildet worden und glaubte deshalb nicht, dass die neutestamentlichen Schriften historisch zuverlässig seien. Aufgrund seiner archäologischen Untersuchungen musste er jedoch eingestehen, dass seine Skepsis unberechtigt war. So durchlief er eine tiefgehende Änderung seiner Einstellung. Über Lukas, den Schreiber des *Lukasevangeliums* und der *Apostelgeschichte*, sagte Ramsay: »Lukas ist ein Historiker ersten Ranges, … er sollte in die Liste der bedeutendsten Geschichtsschreiber aufgenommen werden.«[6]

Die Archäologie bestätigt anhand zahlreicher Funde die Genauigkeit der Bibel.[7] Es gibt viele konkrete Beispiele dafür, dass Skeptiker die Zuverlässigkeit der Bibel in Frage stellten auf der Grundlage von fehlenden unabhängigen Belegen, nur um dann später festzustellen, dass weitere archäologische Entdeckungen Beweisstücke für die Richtigkeit der biblischen Überlieferung ans Licht brachten.[8]

Die wissenschaftliche Genauigkeit der Bibel. Nur einige Beispiele seien hier genannt: Die Bibel sagt, dass die Erde rund ist (Jesaja 40,22), dass die Erde ohne sichtbaren Halt im Raum schwebt (Hiob 26,7), dass die Sterne unzählbar sind[9] (1. Mose 15,5), dass Lebewesen stets nur ihre eigene Art reproduzieren.[10] Weiterhin beschreibt die Bibel den Wasserkreislauf und die Meeresströmungen[11], und sie vermittelt Kenntnisse in Sachen Gesundheit, Hygiene[12], Ernährung[13], Physiologie (z. B. die Wichtigkeit des Blutes, 3. Mose 17,11) und viele weitere Einzelheiten, die von wissenschaftlichem Belang sind.[14]

Die Zuverlässigkeit biblischer Prophetie. Die Bibel informiert uns darüber, dass die genaue Voraussage von Ereignissen Gottes Spezialgebiet ist. Gott sagt in Jesaja 48,3-5:

> Ich habe vorzeiten verkündigt, was schon gekommen ist; aus meinem Munde ist es gekommen, und ich

habe es sagen lassen. Ich tat es plötzlich, und es kam. Denn ich weiß, dass du hart bist und dein Nacken eine eiserne Sehne ist und deine Stirn ehern. Darum ich dir's vorzeiten verkündigt und es dir sagen lassen, ehe es gekommen ist, damit du nicht sagen könntest: Mein Götze tat es, und mein Abgott, der geschnitzt und gegossen wurde, hat's befohlen.

In den Büchern anderer Religionen wird man vergeblich auch nur nach einer Zeile zuverlässiger Prophetie suchen. Die Bibel hingegen enthält viele detaillierte und präzise Voraussagen. McDowell[15] dokumentiert 61 Prophezeiungen, die sich allein in Jesus Christus erfüllt haben. Hierauf konnte Jesus menschlich gesehen keinerlei Einfluss nehmen, wie z. B. auf den Ort, die Zeit und die Umstände seiner Geburt, den an ihm begangenen Verrat, das Geschehen um seinen Tod, sein Begräbnis usw. McDowell beschreibt außerdem 12 detaillierte, spezifische Prophezeiungen über Tyrus,

Sidon, Samaria, Gaza und Aschkelon, Moab und Ammon, Petra und Edom, Theben und Memphis, Ninive, Babylon, Chorazin-Betsaida-Kapernaum, Jerusalem und Palästina. Er hebt deutlich hervor, dass diese Prophezeiungen keinesfalls »Post-Aussagen« (d. h. erst nach dem Ereignis geschrieben), sondern tatsächlich prophetische Voraussagen sind.

Die Wahrscheinlichkeit, dass all diese Ereignisse zufällig geschehen sein können, beträgt effektiv null. Ausführliche Berechnungen dazu hat der Informatiker Werner Gitt[16] durchgeführt. Wer diese Fakten ignoriert (2. Petrus 3,5), leugnet den mathematischen Nachweis, dass es Gott sein muss, der die Prophezeiungen inspiriert hat.

Der Einfluss der Bibel auf den Zivilisationsprozess. Die Botschaft der Bibel kultivierte die einst blutrünstigen »Barbaren« der britischen Inseln zu einem anständigen Leben. Sie ist die Grundlage des englischen bürgerlichen Gesetzes, der amerikanischen Erklärung der Grundrechte und der Verfassungen solcher herausragender Demokratien wie z. B. Großbritannien, USA, Kanada, Australien und Neuseeland.

Die Bibel hat manche bedeutenden Werke der Literatur beeinflusst – Milton, Pope, Scott, Coleridge und Kipling, Selma Lagerlöf, Gertrud von Le Fort und Manfred Hausmann, um nur wenige zu nennen – und auch die Kunstwerke von Männern wie Leonardo da Vinci, Michelangelo, Raphael und Rembrandt. Auch herausragende musikalische Werke wurden maßgeblich durch die Bibel inspiriert – so z. B. diejenigen von den Komponisten Bach, Händel, Haydn, Mendelssohn und Brahms. Die im Abendland zurückgehende Akzeptanz der biblischen Weltanschauung ging in auffallender Weise mit einer Abnahme des Schönen in den Künsten einher.[17]

Die Botschaft der Bibel hat auch heute noch eine verändernde Wirkung. So werden in unserer Zeit animistische Volksstämme auf den Philippinen von

Ängsten befreit, und ehemalige Kannibalen auf Papua-Neuguinea und den Fiji-Inseln leben in relativem Frieden, seitdem das Evangelium dorthin kam.

Die absolute Aufrichtigkeit der Bibel. Bekannt ist der Ausspruch: »Die Bibel ist ein Buch, das kein Mensch schreiben könnte, selbst wenn er es wollte, und das kein Mensch schreiben wollte, selbst wenn er es könnte.« Die Bibel verehrt nicht den Menschen, sondern Gott. Die Menschen der Bibel sind unvollkommen wie wir und werden unretuschiert mit all ihren Fehlern und Unzulänglichkeiten beschrieben. Aus dem dunklen Hintergrund ihrer Sündhaftigkeit strahlt Gottes Heiligkeit und Treue hell hervor.

Selbst von den Glaubenshelden, die in Hebräer 11 aufgelistet sind, werden Fehler und Versagen nicht verschwiegen. Darunter befinden sich solche Vorbilder wie Noah (1. Mose 9,20-24), Mose (4. Mose 20,7-12), David (2. Samuel 11), Elia (1. Könige 19) und Petrus (Matthäus 26,74). Andererseits kommen Feinde

Gottes oft erstaunlich gut weg, wie z. B. Artaxerxes (Nehemia 2), Darius, der Meder (Daniel 6) und Julius (Apostelgeschichte 27,1-3). Auch dieser Tatbestand spricht dafür, dass die Bibel nicht aus rein menschlicher Perspektive geschrieben wurde.

Die lebensverändernde Botschaft der Bibel. In San Francisco forderte einst ein Mann den Prediger Harry Ironside heraus, über »Agnostizismus[18] versus Christentum« zu debattieren. Ironside willigte ein, jedoch sollte der Agnostiker zuerst Belege vorweisen, dass der Agnostizismus genügend positive Auswirkungen habe, um berechtigterweise verteidigt werden zu können. Ironside forderte den Agnostiker auf, einen einzigen Mann vorzuzeigen, der »in der Gosse« gewesen war (als Alkoholiker, Krimineller oder ähnliches) und eine einzige Frau, die ein unsittliches Leben geführt hatte (z. B. als Prostituierte) und die durch Annahme der Philosophie des Agnostizismus aus ihrem kaputten Leben gerettet wurden. Ironside selbst verpflichtete sich 100 Männer und Frauen zu der geplanten Debatte mitzubringen, die auf erstaunliche Weise gerettet wurden, nachdem sie jenes Evangelium annahmen, welches der Agnostiker verspottete. Der Skeptiker machte daraufhin einen Rückzieher.

Die Botschaft der Bibel kann sehr wohl ein kaputtes Leben heilen, das durch Sünde ruiniert wurde, weil Sünde uns von unserem heiligen Schöpfer trennt. Im Gegensatz dazu haben Agnostizismus, Atheismus und alle antigöttlichen Philosophien bei ihrer praktischen Umsetzung verderbenbringende Auswirkungen.

Weitere Belege für die Existenz des biblischen Schöpfergottes[19]

Die allgemeine Neigung der Dinge, sich abwärts zu entwickeln und zu zerfallen, zeigt, dass das Universum zu Beginn »aufgezogen« sein musste. Es besteht somit nicht schon ewig. Dies stimmt völlig überein mit der biblischen Aussage: »Am Anfang schuf Gott Himmel und Erde« (1. Mose 1,1).

Wir beobachten zwar geringfügige Veränderungen an den Lebewesen, was jedoch nicht darauf schließen lässt, dass sie durch irgendeinen natürlichen, evolutionären Prozess von selbst entstanden sind. Wenn man aber einen solchen Prozess einmal annimmt (Entwicklung von Molekülen zum Menschen), dann müssten auf irgendeine Weise neue komplexe genetische Programme geschaffen oder Informationen bereitgestellt worden sein, und es muss auch bedacht werden, dass Mutationen und natürliche Selektion erfahrungsgemäß zum Verlust von Information führen.

Die Fossilfunde belegen nicht die erwarteten Übergänge von einem Grundtyp von Organismen zum anderem. Das Fehlen dieser Übergänge ist ein starkes Argument gegen die Annahme, dass Lebendiges über lange Zeitepochen hinweg von selbst entstehen oder sich selbst schaffen kann. Die wissenschaftlichen Hinweise darauf, dass das Universum relativ jung ist, stehen ebenfalls der Behauptung entgegen, dass alles im Laufe von Milliarden von Jahren von selbst entstanden sei. Die Vertreter der Evolutionslehre ziehen nämlich enorm lange Zeiträume als Erklärungshilfe heran, weil die von ihnen angenommenen Ereignisse sehr unwahrscheinlich sind.

Die Überlieferungen von Hunderten von eingeborenen Völkern aus aller Welt – z. B. Geschichten über eine weltweite Flut – untermauern den biblischen Geschichtsbericht; gleiches gilt für linguistische und biologische Belege für die nahe Verwandtschaft aller menschlichen Rassen.

Das Wissen über die komplizierte Funktionsweise von Zellen und Organen ist in den letzten Jahren geradezu explosionsartig angestiegen. Dabei hat sich gezeigt, dass z. B. das Blutgerinnungssystem nicht durch eine Reihe zufälliger Veränderungen entstehen konnte. Die Informationen, die nötig sind, um die komplexen Abläufe in den Lebewesen zu organisieren, sind nicht in den Molekülen selbst enthalten, sie müssen darum von außen her kommen. Dies alles erfordert eine äußere Informationsquelle, d. h. einen intelligenten Schöpfer, der unserer Intelligenz weit überlegen sein muss.

Der Mythos von Atheismus und Wissenschaft

Heute betrachten viele die Wissenschaft als Ersatzgott. Dazu kam es, weil atheistische Forscher meinten, jegliche Wissenschaft sei ohne Gott möglich. Diese Art des Denkens setzte sich durch und wurde weitgehend akzeptiert. Mit dieser Vorgabe wird Wissenschaft allerdings so umgedeutet, dass Gott methodisch ausgeschlossen ist. Es gilt hier festzuhalten, dass die Wissenschaft erst dann aufblühte, als die biblische Sicht der Schöpfung in Europa Fuß fasste und die Reformation ihren Einfluss nahm. Die Voraussetzungen für eine wissenschaftliche Vorgehensweise bei der Erforschung der Welt stammen aus der Bibel und besagen z. B., dass das geschaffene Universum real, konsistent, verstehbar und erforschbar ist. Das geben sogar nichtchristliche Wissenschaftshistoriker wie Loren Eiseley zu.[20] Folglich verdankt nahezu jede Sparte der Wissenschaft entweder ihre Gründung, Mitbegründung oder einen markanten Fortschritt bibelgläubigen Wissenschaftlern, die an die Schöpfung und die Sintflut als reale Ereignisse glaubten.[21] Wie sich nachweisen lässt, gibt es auch heute viele Wissenschaftler, die der Bibel glauben.[22]

Ist das überhaupt Wissenschaft? Mit Hilfe der Wissenschaft wurden viele Dinge erst möglich, z. B. die Landung von Menschen auf dem Mond. Außerdem verhalf sie der Menschheit zu Elektrizität, moderner Medizin, Computern und dank moderner Anbaumethoden und dem Einsatz von chemischen Düngemitteln auch zu preiswerten Lebensmitteln. Für all diese Errungenschaften mussten Experimente durchgeführt werden, aus deren Ergebnissen dann Schlussfolgerungen gezogen wurden. Diese wiederum wurden durch weitere Experimente überprüft. In diesem Fall stehen die Schlussfolgerungen in enger Beziehung zu den Experimenten und erlauben nur sehr wenig Spekulationen. Diese Art der Wissenschaft wird induktive oder *operationale*[23] *Wissenschaft* genannt und hat uns viele wertvolle Erkenntnisse geliefert, die der Menschheit zum Nutzen wurden.

Es gibt jedoch noch eine weitere Art von Wissenschaft. Es ist jene, die sich mit der Vergangenheit beschäftigt und darum als *historische Wissenschaft* oder Wissenschaft der Ursprünge bezeichnet werden kann. Wenn es um die Erforschung dessen geht, was in der Vergangenheit geschehen ist, stößt die Wissenschaft sehr schnell an ihre Grenzen, weil keine Experimente möglich sind, die sich direkt auf das Vergangene beziehen und weil Geschichte nicht wiederholbar ist. In den historischen Wissenschaften werden Beobachtungen in der Gegenwart für Schlussfolgerungen über die Vergangenheit herangezogen. Die hier und jetzt durchführbaren Experimente, die zum Verständnis der Vergangenheit dienen, sind jedoch aus leicht ersichtlichen Gründen sehr eingeschränkt, so dass in die Schlussfolgerungen immer sehr grobe Abschätzungen eingehen. Je weiter ein Ereignis in der Vergangenheit zurückliegt, desto größer wird die Zahl der für die Erforschung notwendigen Verkettungen von Schlussfolgerungen. Mit jeder einzelnen Abschätzung nimmt die Unsicherheit zu, und es bleibt viel Raum für nicht-wissenschaftliche Faktoren, die das Ergebnis stark beeinflussen. Zu diesen Faktoren gehört u.a. auch die religiöse Einstellung des Wissenschaftlers. Was als »Wissenschaft« bezüglich der Erforschung der Vergangenheit dargestellt wird, ist möglicherweise nicht viel mehr als die eigene persönliche Weltanschauung. Die Konflikte zwischen »Wissenschaft« und »Weltanschauung« treten somit nicht in den operationalen, sondern in den historischen Wissenschaften auf. Die operationalen Wissenschaften sind sehr angesehen und genießen berechtigterweise ein hohes Maß an Vertrauenswürdigkeit. Leider übertragen viele Leute dieses Vertrauen auch auf die historischen Wissenschaften. Sie lassen sich irreleiten, weil sie meinen, die auf Vermutung beruhenden Behauptungen der historischen Wissenschaft trügen das gleiche Siegel der Autorität.

In den historischen Wissenschaften werden nicht so sehr die Befunde und Ergebnisse der Gegenwart debattiert, sondern vielmehr die Schlussfolgerungen, die daraus in Bezug auf die Vergangenheit gezogen werden. Die Wissenschaftler, die der Bibel als dem Wort Gottes[24] glauben, kommen zu anderen Schlüssen als diejenigen, die sie ignorieren. Vorsätzliches Leugnen des Wortes Gottes (2. Petrus 3,3-7) ist die tiefere Ursache für viele Meinungsverschiedenheiten über die Ergebnisse der »historischen Wissenschaften«.

Wer erschuf Gott?[25]

Skeptiker stellen Christen häufig die Frage: »Wenn Gott das Universum schuf, wer schuf dann Gott?« Doch Gott ist *per definitionem* der *nicht erschaffene* Schöpfer des Universums und deshalb ist die Frage: »Wer erschuf Gott?« in sich unlogisch. Es ist ebenso, als wenn jemand fragt: »Mit wem ist der Junggeselle verheiratet?«

Ein etwas scharfsinnigerer Fragesteller würde deshalb einwenden: »Wenn das Universum eine Ursache braucht, warum braucht dann Gott keine Ursache? Und wenn Gott keine Ursache braucht, warum braucht dann das Universum eine Ursache?« Somit steht also die folgende Überlegung zur Debatte:

- Alles, **was einen Anfang hat**, hat eine Ursache.[26]
- Das Universum hat einen Anfang.
- Deshalb hat das Universum eine Ursache.

Es ist wichtig, die **fettgedruckten** Wörter zu betonen. Das Universum erfordert eine Ursache, weil es einen Anfang hatte, wie weiter unten gezeigt werden wird. Gott hat aber, im Gegensatz zum Universum, keinen Anfang und braucht von daher keine Ursache.

Auch einige Gedanken über das Phänomen Zeit helfen uns, die obige Frage zu beantworten. Einsteins Allgemeine Relativitätstheorie, die experimentell gut belegt ist, zeigt uns, dass Zeit an Raum und Materie gebunden ist. Somit hat die Zeit selbst erst mit Materie und Raum am Anfang des Universums begonnen. Da Gott per definitionem der Schöpfer des ganzen Universums ist, ist er auch der Schöpfer der Zeit. Aus diesem Grunde kann er durch die Dimension der Zeit nicht eingegrenzt sein, hat also auch keinen Anfang in der Zeit und darum auch keine Ursache.

Für das Universum gibt es hingegen gute physikalische Gründe, dass es einen Anfang gehabt haben muss. Dies kann aus den *Hauptsätzen der Thermodynamik,* die zu den wichtigsten Naturgesetzen gehören, abgeleitet werden.

1. Hauptsatz: Die **Gesamtsumme der Massenenergien** im Universum ist konstant.

2. Hauptsatz: Die Summe aller Energien im Universum, die **für Arbeit verfügbar** ist, nimmt ständig ab. Oder anders ausgedrückt: Die *Entropie*[27] nimmt zu und strebt gegen ein Maximum.

Wenn die Gesamtsumme der Massenenergien begrenzt ist und die Menge an nutzbarer Energie abnimmt, kann das Universum nicht seit unendlich langer Zeit existiert haben, denn dann wäre bereits alle nutzbare Energie erschöpft und der sogenannte »Wärmetod« längst eingetreten. Dies würde bedeuten: Alle radioaktiven Atome wären zerfallen; das gesamte Universum hätte überall die gleiche Temperatur, und keine weitere Arbeit wäre mehr möglich. Von daher ist es die beste Erklärung, dass das Universum mit einer großen Menge nutzbarer Energie erschaffen worden ist und nun »abläuft«.[28]

Was aber, wenn der Fragesteller akzeptiert, dass das Universum einen Anfang hatte, jedoch ablehnt, dass es eine Ursache braucht? Nun, es ist einfach offensichtlich, dass alles, was einen Anfang hat, auch eine Ursache hat. Niemand leugnet diese Tatsache wirklich in seinem Herzen. Die gesamte Wissenschaft, Geschichtsschreibung und Gesetzgebung würden zusammen brechen, wenn dieses Gesetz von Ursache und Wirkung abgestritten würde.[29] Das Universum kann auch nicht seine eigene Ursache sein – nichts kann sich selbst erschaffen, weil es existieren müsste, bevor es anfinge zu existieren, und das ist logisch absurd.

Zusammenfassung

- Es kann gezeigt werden, dass das Universum einschließlich der Zeit einen Anfang gehabt haben muss.

- Schon der Verstand verbietet es zu glauben, dass etwas in Raum und

Zeit ohne eine Ursache anfängt zu existieren.

- Das Universum verlangt darum zwingend eine Ursache, so wie es 1. Mose 1 und Römer 1,20 lehren.

- Als Schöpfer der Zeit steht Gott außerhalb der Zeit. Darum kann er schon prinzipiell keinen Anfang in der Zeit haben; er existiert somit immer und braucht demzufolge auch keine Ursache.[30]

Von welcher Richtung aus wir auch an dieses Thema herangehen – ob von den Belegen aus der Bibel, von der unglaublich komplexen, hoch organisierten Information in den Lebewesen oder vom Ursprung des Universums her – die Konsequenz ist immer gleich: Der Glaube an einen allmächtigen, allwissenden Schöpfergott, wie er sich in der Bibel offenbart, ist nicht nur sinnvoll, sondern die einzig haltbare Erklärung.

Der Christ kennt Gott!

Für einen wirklichen Christen (also einen gemäß Johannes 3,3 wiedergeborenen) gibt es keinen Zweifel an der Existenz Gottes. Die Bibel sagt in Römer 8,14-16:

> Denn so viele durch den Geist Gottes geleitet werden, die sind Söhne Gottes. Denn ihr habt nicht einen Geist der Knechtschaft empfangen, wieder zur Furcht, sondern einen Geist der Sohnschaft habt ihr empfangen, in dem wir rufen: Abba, Vater! Der Geist selbst bezeugt zusammen mit unserem Geist, dass wir Kinder Gottes sind (Rev. Elberfelder Bibel).

Hier weist die Bibel darauf hin, dass Christen eine persönliche Beziehung zu Gott haben. Das bezeugen solche, die ihre Sündhaftigkeit und die schrecklichen Konsequenzen ihrer Sünde im Licht des allmächtigen Gottes erkannt haben, über ihren Sünden Buße getan und die Vergebung Gottes angenommen haben, die durch Jesu Tod und Auferstehung möglich geworden ist. Wer ein solcher wirklicher Christ ist, hat den Heiligen Geist Gottes empfangen und hat damit die Gewissheit, ein Kind Gottes zu sein. Er kann mit Bestimmtheit bezeugen, dass er ewiges Leben hat (1. Johannes 5,13).

Anhang

Außerbiblische Belege für die Existenz des Schöpfergottes der Bibel

Naturgesetze

Wir beobachten, dass alle Materie-/Energiesysteme – sich selbst überlassen – die allgemeine Neigung zum Zerfall, zum Vergehen, zum Niedergang oder zu einem Übergang zum niedrigeren Niveau hin haben.[31] Bei den Energieumwandlungsprozessen wird ein Teil der nutzbaren Energie in nicht nutzbare umgesetzt. Ohne einen programmierten Mechanismus oder ein intelligentes Eingreifen neigen die Systeme dazu, von einem geordneten Zustand in einen ungeordneten überzugehen; sie tendieren weiterhin dazu, sowohl Information als auch nutzbare Energie zu verlieren. Kurz: Die Systeme streben von sich aus den wahrscheinlichsten Zustand an. Darum fließt Wärme stets vom wärmeren Niveau zum kälteren hin, Gase strömen von Bereichen höheren Drucks zu solchen mit niedrigerem, unterschiedliche Konzentrationen in Lösungen tauschen sich aus, und der nutzbare Anteil an Energie nimmt ab. Auch offene Systeme sind davon nicht ausgeschlossen.[32] Im Falle des Verlustes an nutzbarer Energie lässt sich diese Eigenschaft der Systeme mit Hilfe eines Naturgesetzes, nämlich des zweiten Hauptsatzes der Thermodynamik, auch quantitativ berechnen. All das ist auch der Grund dafür, warum die Energie der Sonne keine tote Materie (z. B. ein trockenes Stück Holz) zum Wachsen veranlasst. Im Gegensatz dazu kann das eine grüne Pflanze, weil sie eine spezifische, programmgesteuerte Apparatur enthält, die die zugeführte Energie so leitet, dass sie in dem Sinne aufbauend wirkt, dass eine zunehmende Komplexität dabei entsteht.

Es ist unmöglich, dass eine solche zunehmende Komplexität von alleine in der Materie entsteht oder am Ursprung des Lebens entstanden ist, es sei denn, dass der Materie von außen Information zugeführt wird. Nun wenden wir diese Gesetzmäßigkeiten auf das ganze

Universum an. Mit Hilfe physikalischer Gesetze kann man errechnen, dass das Universum dem Wärmetod zustrebt. Der Wärmetod ist ein Zustand, bei dem es keine Energieumsetzungsprozesse mehr gibt. Anders ausgedrückt: Alle Energiezustände befinden sich auf demselben Niveau; damit hat die Entropie ihren Maximalwert erreicht. Die Geschichte des Universums könnten wir charakterisieren als »Vom Kosmos zum Chaos«. Dieser Befund steht in einem fundamentalen wissenschaftlichen Widerspruch zu der evolutionistischen Philosophie, die behauptet, es gäbe eine Entwicklung »vom Chaos zum Kosmos«.[33]

Es lässt sich schlussfolgern: Das Universum muss am Anfang »aufgezogen« worden sein, und es kann nicht seit ewiger Zeit existiert haben. Somit ist jemand erforderlich, der außerhalb des Universums steht und der es »aufgezogen« hat. Ein Vergleich mit einer Uhr, die sich nicht von selbst aufziehen kann, liegt nahe.

Die beobachteten Veränderungen an Lebewesen sind ausschließlich mikroevolutiver Art (d. h. Veränderungen innerhalb einer Art) und unterstützen nicht die Hypothese einer Evolution von Einzellern zum Menschen (die sogenannte Makroevolution).

Wird aus einer Population genetische Information selektiert, die innerhalb dieser Population bereits vorliegt (z. B. DDT-Resistenz von Moskitos), dann entspricht das in der Bilanz einem *Verlust* an genetischer Information in dieser Population. Ein DDT-resistenter Moskito ist an eine DDT-haltige Umgebung angepasst, aber die Population hat jene Gene verloren, die nicht DDT-resistent waren, weil die Moskitos mit diesen Genen gestorben sind und somit ihre Gene nicht weitervererben konnten. Aus diesem Beispiel ist zu ersehen, dass natürliche Selektion und Anpassung immer mit einem *Verlust* an genetischer Information einhergeht.

Aufgrund der Informationstheorie und unzähliger Experimente und Beobachtungen wissen wir, dass Mutationen (»Kopierfehler« im Erbmaterial) keine *Steigerung* im Informationsgehalt und in der funktionalen Komplexität hervorrufen. [34] Stattdessen verursachen sie bei der Übertragung genetischer Information ein »Rauschen«[35] und zerstören somit Information. Das entspricht den erwiesenen wissenschaftlichen Prinzipien, die bei zufälliger Änderung im Informationsfluss wirksam werden. Es überrascht nicht, dass heute mehrere tausend menschlicher Krankheiten auf Mutationen zurückzuführen sind.

Dass die vorhandene genetische Information (durch Mutation, Selektion/ Anpassung/Spezialisierung und Aussterben) im Laufe der Zeit abnimmt, stimmt überein mit dem Gedanken, dass ein originaler Genpool erschaffen wurde. Anfänglich verfügte er über ein hohes Maß an möglichen Variationen, die aber nach und nach abnahmen und somit genetisch verarmten.

Da die beobachteten »Mikro«-Veränderungen – wie z. B. antibiotische Resistenz bei Bakterien und Resistenz gegen Insektizide bei Insekten – die Information vermindern (abwärts) oder bestenfalls erhalten, sind sie nicht imstande, durch Anhäufung die für die »Makro«-Evolution erforderlichen (Aufwärts-) Veränderungen herbeizuführen, auch ungeachtet noch so langer Zeiträume.[36]

Die kleinen »Mikro«-Veränderungen werden im Biologieunterricht irrtümlicherweise als »Beweise für Evolution« gewertet. Sie können jedoch keinesfalls extrapoliert werden, um die Evolution von Amöben zum Menschen zu erklären. Eine solche Extrapolation ist vergleichbar mit der Argumentation einer erfolglosen Firma, die behauptet, sie würde, obwohl sie jährlich etwas Geld verliert, letztlich doch zu großen Gewinnen kommen. Man muss nur genügend viele Jahre abwarten. Die beobachteten Veränderungen passen hingegen sehr gut in das biblische Modell von Schöpfung und Sündenfall.

Fossilien

Obwohl Darwin erwartete, dass Millionen von fossilisierten Zwischenformen existieren müssen, sind diese niemals gefunden worden, abgesehen von einer bloßen Handvoll strittiger Exemplare. Dr. Colin Patterson vom Britischen Museum für Naturgeschichte – er ist ein Vertreter der Evolutionslehre – wurde in einem Brief gefragt, warum er in seinem Buch über Evolution keine Illustrationen von Zwischenformen eingefügt habe. Er antwortete:

> ... Ich stimme Ihren Ausführungen über das Fehlen direkter Illustrationen evolutionärer Übergänge in meinem Buch völlig zu. Wenn mir irgendwelche bekannt wären – Fossilien oder lebende Formen – dann hätte ich sie sicherlich aufgenommen. Sie schlagen vor, man sollte einen Künstler beauftragen, diese Zwischenformen visuell darzustellen. Doch woher sollte er die dazu erforderlichen Kennt-

nisse erhalten? Ich könnte sie, ehrlich gesagt, nicht liefern. Und wenn ich es der künstlerischen Freiheit überließe, würde das nicht den Leser täuschen?

Ich habe das Buch vor vier Jahren geschrieben. Wenn ich es jetzt schreiben sollte, sähe das Ergebnis, so denke ich, anders aus. Ich glaube an das Konzept des Gradualismus, nicht allein aufgrund der Autorität Darwins, sondern weil mein Verständnis von Genetik es wohl verlangt. Doch ist es schwierig, Gould [amerikanischer Paläontologe] und den Leuten vom Amerikanischen Museum zu widersprechen, wenn sie sagen, dass es keine Fossilien von Zwischenformen gibt. Da ich selbst Paläontologe bin, beschäftige ich mich intensiv mit den philosophischen Problemen, die mit den Fossilien zusammenhängen. Daher interessiert mich die Frage, wie man Vorformen von Fossilien identifizieren kann. Sie sagten, ich sollte zumindest »ein Foto des Fossils zeigen, von welchem der jeweilige Organismentyp abgeleitet wurde«. Ich

> lege die Karten offen auf den Tisch – es gibt kein einziges derartiges Fossil, für das man ein wasserdichtes Argument vorbringen könnte.[37]

Sogar die so oft zitierte Zwischenform zwischen Reptilien und Vögeln, der *Archaeopteryx,* zeigt keinerlei Anzeichen des so entscheidenden Übergangs von Schuppen zu Federn oder von Vorderbeinen zu Flügeln. Es ist zwar immer möglich, den Glauben an Evolution zu bewahren, indem man unbeobachtbare Mechanismen vermutet,[38] doch ist die Beweiskraft eines derartig *systematischen* Fehlens der angenommenen evolutionären »Bindeglieder« auf globaler Ebene ein stichhaltiges, positives Argument für die biblische Schöpfung, ungeachtet aller Argumente, wie und wann Fossilien entstanden sind.

Altersbestimmung

Die Belege für eine »junge« Erde und ein »junges« Universum sind Indizien für die biblische Schöpfung, da die naturalistische Evolution – sofern sie überhaupt möglich ist – lange Zeitalter benötigen würde. Es gibt viele Hinweise darauf, dass das Universum relativ jung ist,[39] z. B. den Zerfall des Erdmagnetfelds, einschließlich schneller paläomagnetischer Umkehrungen,[40] empfindliche organische Moleküle in Fossilien, die angeblich viele Millionen Jahre alt sind,[41] zu wenig Helium in der Erdatmosphäre,[42] zu wenig Salz in den Meeren,[43] Kohlenstoff-14 (^{14}C, radioaktiver Kohlenstoff mit der Atommasse 14) in Kohle und Öl, die angeblich Millionen Jahre alt sein sollen, polystrate Fossilien, die sich durch mehrere geologische Schichten erstrecken, die angeblich mehrere Millionen Jahre repräsentieren, Einschiebungen von »aus der Reihe tanzenden« geologischen Schichten[44], eine nur kleine Anzahl von Überresten von Supernovas[45], Magnetfelder auf »kalten« Planeten und vieles mehr.

Verstrichene Zeit, die sich jenseits der eigenen Lebenszeit in die Vergangenheit erstreckt, kann nicht direkt gemessen werden, und deshalb sind alle Argumente sowohl für ein hohes wie auch für ein junges Erdalter notwendigerweise indirekt und in starkem Maße davon abhängig, ob man den Annahmen zustimmt, auf denen sie unausweichlich basieren oder nicht.

Die Annahme einer jungen Erde erklärt sinnvoll die Tatsache, dass viele Fossilien gut erhaltene weiche Bestandteile aufweisen. Das Existieren derartiger Fossilien erfordert eine rasche Absetzung und Aushärtung des umschließenden Sediments. Beobachtungen von z. B. multiplen geologischen Schichten und Canyons, die sich in aktueller Zeit bei katastrophischen Ereignissen rasch gebildet haben, weisen darauf hin, dass die alteingebürgerten »Langsam-und-allmählich-Vorstellungen« und das Denken in langen Zeitaltern ein schwerwiegender Fehler sind.[46]

Indizien aus den Bereichen Kultur und Anthropologie

Weltweit gibt es Hunderte von Überlieferungen unter eingeborenen Völkern, die von einer globalen Flut berichten. Alle diese Berichte haben Gemeinsamkeiten mit dem biblischen Sintflutbericht und stellen somit Belege für die Zuverlässigkeit der biblischen Geschichte dar. Ebenfalls weit verbreitet, wenn auch in geringerem Maße, sind Berichte über eine Zeit der Sprachverwirrung und -ausbreitung. Linguistische und biologische Befunde haben kürzlich ans Licht gebracht, dass alle »Menschenrassen« genetisch sehr eng verwandt sind, was bisher unbekannt war. Dies steht in Einklang mit einem jungen Alter der Menschheit, ausgehend von einer kleinen ursprünglichen Population. Dadurch wird die zuvor weit verbreitete Auffassung widerlegt, dass die menschlichen Rassen ihre charakteristischen Merkmale über lange Zeiträume der Isolation entwickelten. Molekulare Untersuchungen legen nahe, dass die DNS in den Mitochondrien aller heute lebenden Menschen von einer einzigen Frau weitervererbt wurde, die vor relativ kurzer Zeit lebte.[47] Derartige Befunde können zwar in ein Evolutionsmodell hineingezwängt werden, jedoch würde dieses ein solches Ergebnis nicht voraussagen. Mit der biblischen Schöpfung steht diese Erkenntnis allerdings in völligem Einklang.

Plan und Komplexität

Es sind biologische Systeme mit unglaublich komplex aufeinander abgestimmten Bestandteilen bekannt, bei denen jede erdenkliche Vorform, die nur teilweise abgestimmt ist und die nur teilweise funktioniert oder bei der weniger Komponenten zusammenarbeiten, äußerst nachteilig für den Organismus wäre.[48] Einige Beispiele sind das Blutgerinnungssystem, die von den Bakterien zur Fortbewegung verwendeten Bakteriengeißeln, der Apparat zur Fotosynthese und die Metamorphose von Raupen zu Schmetterlingen durch Verpuppen. Weitere Beispiele von Plan und Komplexität finden wir in den lebenden Systemen in Hülle und Fülle.

Die immense Komplexität des menschlichen Gehirns, seine Kreativität und sein abstraktes Denkvermögen mit Fähigkeiten, die weit über die Notwendigkeiten zum bloßen Überleben hinausgehen, gehören vielleicht zu den »offensichtlichsten« Beweisstücken für eine Schöpfung durch einen intelligenten Urheber.

Auf molekularer Ebene unterscheidet sich z. B. die typische Organisation von Lebewesen wesensmäßig von dem Aufbau eines Kristalls. Die Funktion eines bestimmten Proteins beispielsweise hängt von der *zusammen gefügten Sequenz* seiner Bestandteile ab. Die codierte Information, die zum Zusammenfügen dieser Sequenzen erforderlich ist, ist *nicht* von vornherein durch die chemische Beschaffenheit der Bestandteile vorgegeben – so wie das bei einem Kristalls der Fall ist –, sondern erfordert eine Intelligenz von außen.

Während der Reproduktion wird die benötigte Information zur Bildung eines lebenden Organismus auf materielle Träger aufgezeichnet, um so zu einem ablauffähigen Programm zu kommen.

Dies geschieht durch Systeme gleicher (oder höherer) Komplexität (im elterlichen Organismus), zu deren Bildung wiederum dieselben Elemente erforderlich waren. Es ist kein spontaner, physikalisch-chemischer Prozess bekannt, der eine solche informationstragende Sequenz ohne eine programmgesteuerte Maschinerie hervorbringen könnte – dies erfordert die Steuerung durch eine Intelligenz von außen.

Die vernünftigste Schlussfolgerung aus solchen Beobachtungen ist aber, dass eine von außen eingreifende Intelligenz dafür verantwortlich ist, dass am Anfang eine enorme Menge biologischer Information in den voll funktionierenden Organismen aller Populationen geschaffen wurde.[49] Diese Intelligenz überragt bei weitem die menschliche Intelligenz – auch das passt genau in das biblische Konzept, wonach Gott der Verursacher ist.

Fußnoten

[1] Keith, A., 1947. *Evolution and Ethics*, Putman, New York, S. 230.
[2] So der Untertitel von Darwins Buch *Ursprung der Arten.*
[3] Das grundlegende Konzept dieses Abschnitts stammt aus: Willmington, H.L., 1981. *Willmington's Guide to the Bible*, Tyndale House Publishers, Wheaton, IL, 810-824. Ferner wurden verwendet: Geisler, N.L, und Nix, W.E., 1986. *A General Introduction to the Bible*, Moody Press, Chicago. McDowell, J., 1972. *Evidence that Demands A Verdict*, Bd. 1, Campus Crusade for Christ, San Bernadino, CA.
[4] McDowell, J., 1972. *Evidence that Demands A Verdict*, Bd. 1, Campus Crusade for Christ, San Bernadino, CA, S. 68.
[5] ebenda.
[6] Ramsay, W., 1953. *Bearing of Recent Discoveries on the Trustworthiness of the New Testament*, Baker Books, Grand Rapids, Michigan, S. 222.
[7] Ausführliche Informationen über die Bibel und Archäologie fi nden Sie im Internet unter <http://www.christiananswers.net>.
[8] McDowell, J., 1972. *Evidence that Demands A Verdict*, Bd. 1, Campus Crusade for Christ, San Bernadino, CA.
[9] In der Antike dachte man, die Sterne seien zählbar – es gibt etwa 1200 sichtbare Sterne. Ptolemäus (150 n.Chr.) legte dogmatisch fest, dass die Zahl der Sterne exakt 1056 betrage. Siehe Gitt, W., 1997. Counting the Stars, *Creation* 20(1):10-13. Auch: Gitt, W., 1999 (3. Aufl .). *Signale aus dem All – Wozu gibt es Sterne?* CLV Bielefeld, S. 15-25.
[10] Batten, D., 1996. Dogs breeding Dogs? That's not Evolution. *Creation* 18(2):20-23.

[11] Sarfati, J., 1997. The Wonders of Water. *Creation* 20(1):44-46.
[12] Wise, D.A., 1995. Modern Medicine? It's not so modern! *Creation* 17(1):46-49.
[13] Emerson, P., 1996. Eating out in Eden. *Creation* 18(2):10-13.
[14] Siehe Morris, H.M., 1984. *The Biblical Basis of Modern Science*, Baker Book House, Grand Rapids, Michigan.
[15] McDowell, J., 1972. *Evidence that Demands A Verdict*, Bd. 1, Campus Crusade for Christ, San Bernadino, CA.
[16] Gitt, W., 2000 (5. Aufl .). So steht's geschrieben, Hänssler-Verlag, S. 131 ff.
[17] Schaeffer, F., 1968. *Escape from Reason*, Inter-Varsity Press, London.
[18] Agnostizismus ist eine weitere Form des Unglaubens; er verleugnet die Wahrheit des Wortes Gottes, indem er behauptet, dass wir nicht wissen können, ob es Gott gibt. In der Praxis unterscheidet er sich nur wenig vom Atheismus.
[19] Für weitere Details über diese Belege siehe den Anhang dieses Kapitels. Gibt es Gott wirklich?
[20] Eiseley, L., 1969. *Darwin's Century: Evolution and the Man who Discovered it*. Doubleday, New York, S. 62.
[21] Morris, H.M., 1982. *Men of Science, Men of God*, Master Books, Colorado Springs, USA. Lamont, A., 1995. *21 Great Scientists Who Believed the Bible*, Answers in Genesis, Brisbane, Australia.
[22] Ashton, J., 1999. *In Six Days: Why 50 Scientist Choose to Believe in Creation*, New Holland Publishers, Sydney, Australia.
[23] Als **operationale Wissenschaften** bezeichnen wir hier all jene, in denen man durch heute ausführbare Experimente zu gesicherten Schlussfolgerungen kommt. Diese lassen sich oft in Nutzanwendungen überführen. So gehören z. B. Physik, Chemie und Technik zu dieser Wissenschaftskategorie.

[24] Die Bibel bezeichnet sich selbst als Wort Gottes: Psalm 78,5; 2. Timotheus 3,14-17; 2. Petrus 1,19-21. Gott, der die Bibel inspiriert hat, war immer da, ist vollkommen und lügt nie (Titus 1,2). Siehe auch Psalm 119, um die Wichtigkeit des Wortes Gottes zu verstehen.

[25] Dieser Abschitt beruht auf: Sarfati, J., 1998. If God created the universe, then who created God? *CEN Technical Journal* 12(1):20-22.

[26] Der Begriff »Ursache« hat in der Philosophie eigentlich mehrere verschiedene Bedeutungen. Hier jedoch bezieht er sich auf die *wirkende Ursache*, d. h. auf das hauptsächliche Mittel, das die Entstehung einer Sache verursacht.

[27] Entropie ist ein Maß für die Abnahme nutzbarer Energie.

[28] Atheisten wie z. B. der verstorbene Carl Sagan und Isaac Asimov haben die Idee des oszillierenden Universums (wie ein »Jojo«) verbreitet. Der Grund dafür ist allein der, den Gedanken eines Anfangs zu vermeiden, da das einen Schöpfer erfordern würde. Die Hauptsätze der Thermodynamik machen dieses Argument jedoch hinfällig, da jeder dieser hypothetischen Zyklen immer mehr nutzbare Energie in nicht nutzbare umsetzen würde. Das bedeutet, dass jeder Zyklus größer und länger wäre als der vorhergehende, und rückblickend in die Vergangenheit wären die Zyklen immer kürzer. Somit könnte das multizyklische Modell eine unendliche Zukunft, aber nur eine begrenzte Vergangenheit haben. Außerdem gibt es viel zu wenig Masse, um die stetige Ausdehnung des Universums zu stoppen, was für einen ersten Zyklus nötig wäre. Ferner ermöglicht kein bekannter Mechanismus ein erneutes Ausdehnen im Anschluss an den hypothetischen »großen Kollaps« (engl. »big crunch«, in Parallele zum »big bang«, dem Urknall).

[29] Einige Physiker behaupten, die Quantenmechanik würde gegen dieses Ursache-Wirkung-Prinzip verstoßen und könne etwas aus Nichts hervorbringen. Das stimmt jedoch nicht. Theorien, die besagen, dass das Universum eine Quantenfluktuation ist, müssen voraussetzen, dass es *etwas gab, das fluktuieren* konnte. Dieses vorausgesetzte »Quanten-Vakuum« ist kein »Nichts«, sondern ein großes Materie-Antimaterie-Potenzial. Wenn es außerdem keine Ursache gibt, gibt es auch keine Erklärung, warum dieses *spezielle Universum* zu einer *speziellen Zeit* auftrat oder warum ein Universum in Erscheinung trat und keine Banane oder Katze. Dieses Universum kann keine Eigenschaften haben, die erklären würden, warum gerade ein solches Universum entstanden ist, weil es überhaupt keine Eigenschaften haben würde, solange es nicht tatsächlich existiert.

[30] Siehe Craig, William L., 1984. *Apologetics: An Introduction*, Moody, Chicago, und *The Existence of God and the Beginning of the Universe*, unter <http://www.leaderu.com/truth/>. Geisler N.L., 1976. *Christian Apologetics*. Baker Books, Grand Rapids, Michigan. Achten Sie jedoch auf das unglückliche (und unnötige) Entgegenkommen gegenüber der Urknalltheorie.

[31] Das ist ein Aspekt des zweiten Hauptsatzes der Thermodynamik, s. S. 24-25.

[32] Offene Systeme können Energie bzw. Materie mit ihrer Umgebung austauschen.

[33] Thaxton, C.B., Bradley, W.L, und Olsen, R.L., 1984. *The Mystery of Life's Origin*, Lewis and Stanley, Texas. Diese Experten auf dem Gebiet der Thermodynamik zeigen, dass die Thermodynamik ein gewaltiges Problem für die naturalistische Entstehung des Lebens ist. Siehe auch Wilder-Smith, A.E., 1981. *The*

Natural Sciences Know Nothing of Evolution, Master Books, San Diego, CA.
[34] Spetner, L., 1997. *Not by Chance! Shattering the Modern Theory of Evolution,* The Judaica Press, Inc., Brooklyn, NY.
[35] Man kann das mit dem Rauschen vergleichen, das beim Kopieren einer Musikkassette entsteht. Die Kopie ist niemals besser als das Original.
[36] Lester, L.P., und Bohlin, R.G., 1989. *The Natural Limits of Biological Change,* Probe Books, Dallas, Texas.
[37] Diesen Brief schrieb Dr. Colin Patterson, damals leitender Paläontologe am Britischen Museum für Naturgeschichte in London, am 10. April 1979 an Luther D. Sunderland. Er ist zitiert in Sunderland, L.D., 1984. *Darwin's Enigma,* Master Books, San Diego, USA, S. 89. Später versuchte Patterson die Bedeutung dieser höchst eindeutigen Aussage herabzuspielen.
[38] Wie z. B. das »punktuale Gleichgewicht« oder andere sekundäre Annahmen.
[39] Morris, J.D., 1994. *The Young Earth,* Master Books, Colorado Springs, CO.
[40] Sarfati, J., 1998. The earth's magnetic field: evidence that the earth is young. *Creation* 20(2):15-17.
[41] Z. B. Wieland, C., 1997. Sensational dinosaur blood report. *Creation* 19(4):42-43.
[42] Sarfati, J., 1998. Blowing old-earth beliefs away. *Creation* 20(3):19-21.
[43] Sarfati, J., 1998. Salty seas. *Creation* 21(1):16-17.
[44] D. h. es gibt »fehlende« Zwischenschichten, die in der standardmäßigen geologischen Schichtenabfolge und der Millionen-Jahre-Zeitskala nicht verzeichnet sind, woraus zu schließen ist, dass die fehlenden Schichten nicht die angeblichen vielen Millionen Jahre repräsentieren. Siehe Snelling, A., 1992.

The case of the missing geologic time. *Creation* 14(3):31-35.

[45] Sarfati, J. 1997. Exploding stars point to a young universe. *Creation* 19(3):46-48.

[46] *Mount St. Helens: Explosive Evidence for Catastrophe in Earth's History,* ein Video mit Dr. Steve Austin, Creation Videos. Siehe auch Kapitel 4: »Was ist von Karbon-Datierungsmethoden zu halten?«

[47] Die Mitochondrien sind selbstständige Zellbestandteile, die eigene Erbinformation (DNA) enthalten und nur über die Mutter vererbt werden, deren DNA also *nicht* aus beiden Eltern kombiniert wird, wie bei der übrigen Erbinformation. Siehe auch Wieland, C., 1998. A shrinking date for 'Eve'. *CEN Technical Journal* 12(1):1-3.

[48] Behe, M.J., 1996. *Darwin's Black Box,* The Free Press, New York.

[49] Gitt, W., 1994. *Am Anfang war die Information.* Hänssler, Neuhausen.